Stammbuch

Eingang dieses Stamm-buchs.

I.

*) Die Freundschaft.

Soll ich mit finsterm Blick und träge,
Tief in mich selbst verhüllet, gehn?
Nicht Blumen pflücken, die am Wege,
Wie Gottes Rauchaltäre, stehn?

A 2

Vor-

---

*) Dieses Gedicht schreibt der Besitzer
des Stammbuchs selbst als eine
Vorrede für Freunde ein.

Vorübereilend fröstig grüssen
Den guten frommen Wandersmann;
Nicht freundschaftlich mich an ihn schliessen,
Und, ach! so lang ich immer kann,
Das Glück, ein Mensch zu seyn, geniessen?
Es ist so reizend, seinen Pfad
In Wüsten, die kein Fuß betrat,
Mit einem Freunde nachzuspüren!
So reizend, mit geschlungner Hand,
An einer jähen Tiefe Rand,
Auf morschen Steegen, sich zu führen;
Dem Durstenden aus hohler Hand
Den ersten Labetrunk zu bringen;
Wenn Stürme gegen Stürme ringen,
Und Wanderern Verderben bräun,
Mit ihm des Mantels Schuz zu theilen,
Und ihm zu Liebe gern verweilen,
Sein Führer und sein Schuz zu seyn.
Noch reizender, des Schöpfers Macht
Aus voller Brust mit ihm zu preisen;

In

In einer hohen Linde Nacht
Am Tische der Natur zu speisen,
Bey jedem sauern Lebensgang
Sich zu ermuntern mit Geschwäzen,
Und unter freudigem Gesang,
An kühle Bäche sich zu sezen.
O Freundschaft, erstgebohrnes Kind,
Des liebevollesten der Wesen,
Süß, wie die Träume vom Genesen
Dem hofnungslosen Kranken sind!
O, dieses Lebens Labirinth,
Was wär es ohne dich? Verbreite
Dein mildes Licht auf meinen Schrit!
Stolz auf dein göttliches Geleite,
Geh ich, wohin du führest, mit.
Als Knaben hast du mich getragen,
Als Jüngling warnend mich gelenkt;
Erbarmt hast du dich meiner Klagen,
Auf Wunden, die du mir geschlagen,
Mit neuen Freuden mich getränkt!

A 3   Dich

Dich will ich im Genuß verehren,
Dir will ich danken im Verlust:
Es stillen sich des Abschieds = Zähren
An eines neuen Freundes Brust.
Oft, wenn das wunde Herz noch blutet,
Führt den Gefährten unvermuthet
Ein Umweg wieder auf uns zu;
Die frühe sich verloren hatten,
Begegnen sich im Abendschatten,
Und gehen Hand in Hand zur Ruh.

2.

Der nicht so treu ist, Freund, wie wir,
Fühlt nicht der Schöpfung Pracht;
Nicht öfnet er sein Herz, wie wir,
Vor Gottes Gür' und Macht!
Getreu gehn wir zu unserm Freund,
Der gute Menschen liebt,
Zum Schlaf in unsre Kammer ein,
Die sichre Ruh umgiebt;
Und ruhen eine süsse Nacht,

Nach mühevollem Lauf;
Und morgen wachen wir vergnügt
Zum ew'gen Frühling auf!

3.

Als mein Freund mich gestern weinen sah,
Und mich freundlich fragte, was mir fehlte?
Und ich meinen Kummer ihm erzählte,
Ach, wie leichte ward mirs da!
Ach, und er ward auch so innig froh! ——
Glänzte nicht sein Angesicht vor Freude ——
Lange, lange kannten wir uns beyde;
Aber nie sah ich ihm so! ——
O, nun weiß ich, was ich nie gewußt,
Weiß, es ist kein größer Glück auf Erden,
Als ein Trost der Traurigen zu werden,
Edler, als das Mitleid, keine Lust.

4.

Siehe, ich kann dir nichts Besseres geben,
Als dieses Herz, voller Treu' und Leben!
Hört's auf, so zärtlich für dich zu schlagen,
Wie jezt: so mag es ein andrer tragen.

5.

Freund, wer mit kleinen Feinden ficht,
Der hat vor ihnen nimmer Friede.
Am klügsten ist, man achtet ihrer nicht;
So werden sie zulezt des Streitens selber müde.

6.

Das heist wirklich geben, wenn man das
gern und mit Freundlichkeit giebt, was uns
selbst und dem, der's bekommt, wirkliche Freude
macht.

7.

Fliehe die Vergnügungen, und sie werden
dir nachlaufen, aber sie werden vor dir fliehen,
wenn du ihnen nachläufft.

8.

Unmuth ist oft bloßer Wahn;
Laßt uns ewig ihm entfliehn!
Auch auf rauher Felsenbahn
Sieht man oft ein Blühmchen blühn;
Seelig, wer es dankbar pflückt,
Und nicht achtlos niederdrückt!

9. Mach'

9.

Mach' dies kurze Leben nicht
Durch Verdruß dir selbst zur Quaal!
Denk', durch düstre Wolken bricht
Auch wohl oft ein Sonnenstrahl. ––
Freu' –– so lang' es Gott gefält ––
Freu' dich seiner schönen Welt!

10.

Freund, wenn man diese schöne Welt
So hin und her bedenket,
Zu sagen: „Gütger Himmel mein!
„Wie schön muß wohl nicht jene seyn,
„Die Gott den Frommen schenket?„
„Schon diese, wahrlich! ist es werth,
„Daß man sich ihrer freue;
„Und nicht das Bißchen Ungemach,
„Das auch wohl Fromme treffen mag,
„Darinn, so mächtig scheue!„
„Denn lohnt nicht der, der sie erschuf,
„Dies Bißchen Erdenleiden,

A 5   „Dem

„Dem Fürsten und dem Unterthan,

„War er hier nur ein braver Mann,

„Mit ew'gen Himmelsfreuden?„

Ja käm', so wahr dein Freund ich heiß!

Jezt gleich der Tod herüber;

Mit dreistem Blick nach ihm gewandt,

Faßt ich ihn bey der Knochenhand,

Und fragt' ihn: willst mich, Lieber? —

11.

Der Schickung Hand ist stets bereit,

Der Tugend Werke zu vergelten.

Sie sorgt mit gleicher Wachsamkeit

Für jeden Menschen, wie für Welten.

12.

Recht thun und edel seyn und gut,

Ist mehr, als Geld und Ehr;

Da hat man immer guten Muth

Und Freude um sich her;

Und man ist brav und mit sich eins,

Scheut kein Geschöpf und fürchtet keins.

13.

O, ich könnt' Gott nicht mit Lust
Meinen Vater nennen,
Fühlt ich nicht in dieser Brust
Bruderliebe brennen.
Blutete mir nicht das Herz
Bey des Freundes Leiden;
Blieb' ich kalt bey seinem Schmerz,
Kalt bey seinen Freuden:
Glücklich könnt' ich dann nicht seyn;
Einsam und verlassen
Würd' ich erst die Menschen scheun,
Dann mich selber hassen.

14.

Brüder, nein! Dies Herze soll
Nie vor euch sich schliessen;
Immer schlag es wonnevoll
Unter euren Küssen!
Glücklich oder elend, mir
Seid ihr immer Brüder —

Nur noch theurer, ſinkt ihr
Unter Leiden nieder,
Dann ſolt ihr an meiner Bruſt
Euern Gram verweinen;
Bis die Sonn' euch neue Luſt
Wird ins Herze ſcheinen.
Und, o ſüſſer Troſt! auch mich,
Wenn mich Sorgen drücken,
Wenn von mir die Freude wich,
Werdet ihr erqvicken! —

15.

Wer ſeiner Brüder Noth vergißt,
Verdient nicht, daß er glücklich iſt.

16.

Erbarm' dich willig fremder Noth!
Du giebſt dem Armen heut dein Brod
Mit dieſen, ihm das Leben? —
Der Arme kan dir's Morgen geben.

17. Das

17.

Das Schwerste ist, sich selbst und seine Fehler recht zu kennen; das Leichteste ist, an andern Leuten Fehler wahrzunehmen.

18.

Du sprichst zum hellen Silberbach:
„Mir ist die Seele rein, wie du.„
Wohin du gehst, folgt sie dir nach,
Der Unschuld himmelvolle Ruh.
So, eble Seele, lieb' ich dich,
Mit diesem freien Wonneblik!
Aus diesem Auge fleußt in mich,
Gefühl des Menschenwerths zurück.

19.

Sey stark, Freund! dich über Vorurtheile und Leidenschaften wegzusezen, und gehorche der Stimme der Vernunft. Und das ist wahre Herzhaftigkeit!

20.

Kan ich reines Herzens nur
Dich bewundern, o Natur!

Kan

Kan ich nur an Freundes Hand
Wandeln bis an's Grabes Rand;
O was wünsch ich dann wohl mehr?
Rings blühn Freuden um mich her.
Und mit frohem leichten Sinn
Blick' ich durch das Leben hin.

21.

Unschuld ist vom Truge fern.
Unschuld glaubt das Beste gern
Von den Brüdern.
Unschuld giebt im Streite nach
Und sucht Unrecht oder Schmach
Keinem zu erwidern.
Unschuld übt die stille Pflicht,
Prahlt mit ihren Thaten nicht,
Läßt sich lehren.
Unschuld giebt getrosten Muth,
Unschuld ist ein grosses Gut,
Führt zu wahren Ehren.

22. Wir,

22.

Wir, wir flehn oft das Verderben, und Gott
giebt uns dafür Leben ——
Ruhig woll'n wir seinen Händen unser Schicksal
übergeben,
Wollen in Gefahr nicht zagen, stärken soll sich
unser Muth. ——
Was von ihm, dem guten Vater, was von ihm
kommt, das ist gut!

23.

Bild der Unschuld ist die Rose:
Sey ihr gleich; sey gut!
Tugend nur schenkt wahre Freuden
Und im Unglück Muth.

24.

Daß gegen deinen Feind so gütig du gewesen,
Das solte ja die Welt zu deiner Ehre lesen?
Und du, du wilst es kaum gestehn?
„Mein Ruhm ist groß genug; denn
Gott, Gott hat's gesehn. „

25. Zwar

25.

Zwar uns armen Menschen drohen Plagen
Von der Wiege bis zum frühen Grab;
Aber tausend, tausend Freuden sagen,
Daß ein guter Gott das Leben gab.
Und gerührt im mütterlichen Herzen
Sizt am Wege die Glückseeligkeit,
Trauert, wenn wir wählen bittre Schmer-
      zen,
Statt des Seegens, den sie hold uns beut.
Ja, das Leben ist des Himmels Gabe,
Werth, daß Dank in unsern Adern schlägt;
Fühlt das nicht, auch bey der kleinsten Habe,
Wer ein reines Herz im Busen trägt?

26.

Der hat den größten Werth,
Der Gott durch Tugend ehrt,
Der armen Brüdern gerne giebt
Und Menschen groß und klein, als seine Brüder
      liebt.

27. Wer

27.

Wer in Gesellschaft seiner Freunde Worte
wägt, ist selten ein wahrer Freund, und selten
der Freundschaft fähig. — Man muß groß genug seyn, sich seinen Freunden zu zeigen wie
man ist; verliert man sie um seiner Schwachheit willen, so ist das ein glücklicher Verlust,
so sind es niemals Freunde gewesen.

28.

Ein Herz, von Edelmuth bewohnt
Ist durch sich selbst am herrlichsten belohnt!

29.

Frühe muß man guten Saamen streuen.
Und sein Herz zu edlen Thaten weihen
Auf der Weisheit Bahn;
Daß man einst im Alter auf die Tage
Seiner Jugend, ohne Reu und Klage
Segnend blicken kan!

30.

Würdig leben, würdig thun
Schaft aus Wüsten Lustgefilde,

B   Macht

Macht die ganze Schöpfung milde
Läßt auf Weltruinen ruhn!
Laßt uns leben so — und thun! —

31.

O der Mensch hat Götterkraft
Seine Wohlfahrt fest zu gründen!
Freund, wilst du sie recht empfinden,
O sey from und tugendhaft,
Sklave keiner Leidenschaft!
Bleib du Gott und Tugend hold:
Dann gehst du zur Grabesschwelle,
Sanft und still, wie eine Welle,
Die sich über Goldsand rollt;
Bleibe Gott und Tugend hold!

32.

Wahrer Leiden giebts nicht viel!
Unmuth zaubert sich nur Leiden;
Gott schuf unser Herz für Freuden,
Für Gesang und Saitenspiel:
Wahrer Freuden giebts recht viel!

33.

Ueb' immer Treu und Redlichkeit
Bis an dein kühles Grab;
Und weiche keinen Finger breit
Von Gottes Wegen ab.

Dann wirst du, wie auf grünen Au'n,
Durch's Pilgerleben gehn;
Dann kannst du sonder Furcht und Grau'n
Dem Tod ins Auge sehn.

Dann suchen Enkel deine Gruft
Und weinen Thränen drauf;
Und Sommerblumen, voll von Duft,
Blühn aus den Thränen auf.

34.

Liebreich gegen jedermann
Wohlzuthun, so oft man kann;
Den zu trösten, welcher weint,
Wär' es selbsten unser Feind.
Den zu lieben, der uns liebt,
Dem zu geben, der uns giebt,

Wo

Wo wir können, oder Dank
Ihm zu weihen Lebenslang.
Das ist Tugend: Unsre Pflicht
Frey vor Gottes Angesicht
Thun zu können, was man thut,
Immer edel, immer gut.

35.

O meine Lieben mag ich alle gern
Begleitet von der Freude sehn und gern
Der Dritte seyn! — Gott unser Schöpfer, hat
Zur Freude dich und mich erschaffen. Ha!
Wir wollen diesen seinen großen Zweck
Ihm nicht verderben, wollen immer gut
Und immer frölich unserm Schöpfer seyn!
Und immer besser, immrr frölicher
Mit jedem Tage werden! Jeder Tag
Ist eine lange Periode; dir und mir
Sind unsre Tage zugezählt. Wohlan!
Wir waren gut, und wollen fröhlich seyn.

36.

36.

Hat deine Seel' in deines Gottes Welt
Sich rein erhalten, guter, liebster Freund,
Dann wird, in deinem Haus, auf deiner Flur,
In deinem Garten und in deinem Wald,
Die Freude willig dich begleiten! wird
In deinem Herzen wohnen, und darinn
Kein Gast, sie wird, als wie zu Hause, seyn!

37.

Wenn deiner Mitgeschöpfe keines je
Mit einem Wink von dir beleidigt ward;
Wenn Wollust nie, wenn Stolz, und Neid,
und Zorn
Nie kochend machten deines Herzens Blut;
Dann, lieber edler Freund — o Heil dir —
dann
Ist deine Seele rein! — O mögtest du
In deines Gottes Augen immer doch
Sie rein behalten, denn ich liebe dich!

38.

38.

Trift auch wohl ein Stürmlein mich
Einst in meinen Tagen:
Heida! was bekümmerts mich!
Werd's ja auch wohl tragen.
Hab' ich Unschuld, freu ich mich
Und bin guter Dinge!
Lieben Freunde, seht wie ich
Frölich hüpf und springe!

39.

Ein weises Herz, ein guter Muth,
Sind köstlicher, als Geld und Gut.

40.

Unschuld und Freude,
Sind ewig verwandt;
Es knüpfet sie beyde
Ein himmlisches Band.

41.

Dem kleinen Veilchen gleich, das im Verborg=
nen blühet,

Sey

Sey immer fromm und gut, auch wenn dich
niemand siehet,

42.

Den flüchtigen Tagen
Wehrt keine Gewalt:
Die Räder am Wagen
Entfliehn nicht so bald.
Gleich eilenden Blizen
Entfliehn sie dahin;
Drum will ich sie nüzen,
So lang' ich noch bin.

43.

Holde Tugend
Wohn in unsrer Brust!
Für das Alter, für die Jugend
Hast du Himmelslust!
Ruhm und Segen
Folgt der Frömmigkeit;
Auf der Tugend sichern Wegen
Blüht Zufriedenheit.

B 4

44.

Gieb mir ein Herz , in dem der stille Friede
Der Unschuld herscht , und laß mich niemals
müde
In der Erfüllung meiner Pflichten seyn!
Mein redliches Bemühn um wahre Tugend
Siehst du, o Gott! — dir will ich meine Ju=
gend
Und meine späten Jahre weyhn.

45.

Wie toben nicht die Meereswogen,
Wenn dunkel den Olymp umzogen,
Und Donner auf die Fluten brüllt!
Doch noch weit stärker ist der Leidenschaften
Wüten,
Wenn Kunst und Weisheit nicht gebieten,
Und Tugend ihren Aufruhr stillt.

46.

Wo ist des Weisen Bild?

Im Unglück gros, kein Sklave schöner
Tage,

Ent=

Entfernt von Lust, so wie von niedrer
Klage.
Hier ist des Weisen Bild!

47.

Je minder sich der Kluge selbst gefällt,
Um desto mehr schäzt ihn die Welt.

48.

So lange solche Freunde leben,
Die redlich und gesellig seyn,
Die nach dem Ruhm der Grosmuth streben,
Und sich zum Dienst der andern weyhn;
Die immer Treu mit Treue lohnen
Und gern verzeyhen, wo man fehlt:
So ist der Ball auf den wir wohnen,
Unstreitig, noch die beste Welt.

49.

O! selig, die ihr Glück verdienen,
Sie fürchten keinen Unbestand;
Der Himmel läßt ihr Alter grünen,
Und gönnt ihr Wohl dem Vaterland.

50.

Durch Tugend müffen wir des Lebens würdig werden;
Denn ohne diese ist kein wahres Glück auf Erden.

51.

Beglückt ist der, der weise denket,
Und thut, was Pflicht und Sitte lehrt;
Der dem, der unser Schicksal lenket,
Durch unschuldvolle Thaten ehrt.

52.

Beschütze, Freund! stets dein Gewissen
Für einer lasterhaften That!
Dies kan dein Leben dir versüssen,
Und hält dich auf den Himmelspfad.

53.

Gebrauche, Freund! den Frühling deiner
Jahre,
Er eilet schnell dahin!
Doch so, daß einst bey silbergrauem Haare
Gewissensbisse nicht die Stirn umziehn.

54. Nur

54.

Nur ein ruhiges Gewissen,
Freund! kann uns den Tod versüssen.

55.

Vergnügt zu seyn, ist wohl erlaubt,
Wenn sich die Tugend paart mit Freude.
Ein Weiser, der die Gottheit glaubt,
Geht drum nicht stets im Trauerkleide.

56.

Nie schenken Stand, nie schenken Güter
Dem Menschen die Zufriedenheit.
Die wahre Ruhe der Gemüther
Giebt Tugend und Gelassenheit.

57.

Der Mensch, der Gott verläßt, erniedrigt
sein Geschicke.
Wer von der Tugend weicht, der weicht von
seinem Glücke.
Die Pflichten sind der Weg, den Gott zur
Wohlfahrt giebt.
Ein Herz, wo Laster herrscht, hat nie sich selbst
geliebt.

58. Nun

———— ————

58.

Nur durch dich, göttliche Tugend! können
wir sicher
Das Meer unsers flüchtigen Lebens durchschiffen.

59.

Gott, der Welt und Freunden dienen,
Ist mein ernstlicher Entschluß:
Weil von Gott, der Welt und Ihnen
Die Belohnung folgen muß.

60.

Glücklich leben ist Weisheit; Gott verehren ihr höchster Grad; Nicht im Witze, — im
Verstande nicht, — nur im Herzen wohnt sie.

61.

Mein Geist mißt meine Lebenszeit
Nach dem Gefühl der Ewigkeit,
Das Gott so tief in ihn gegraben.
Die halten keine Zeit für lang,
Die Seelen, frey vom Untergang
Und denkend in das Ew'ge haben.

Die

62.

Die Vorsicht kan am besten sorgen,
Bekümmre du dich nicht, was morgen
Ihr ewiger Entschluß verhängt;
Den Tag, den dir das Glück gegeben,
Versuche frölich durchzuleben,
Bis ihn ein neuer Tag verdrängt.

63.

Der Weise hat ein Loos, das seinem Werth
entscheidet:
Verdienste, wo er gilt, und Unschuld, wo er
leidet.

64.

Nur dem Christen ist es eigen,
Wenn sich seine Tage neigen,
Daß er stirbt und strebend spricht:
Mein Gewissen quält mich nicht!

65.

Kein schimmernd Glück begehr' ich nie,
O wär' die Weisheit mein!

Er

Erhabne Vorsicht! gieb mir sie,
So werd' ich glücklich seyn.

66.

In Tugend eingehüllt, seh' ich mit heitrer
Miene,
Und stolz im Arme sichrer Ruh,
Den Stürmen dieser Welt, und selbst dem Welt-
ruine,
In ungestörter Stille zu!
Von Unruh' nie gequält und unterm treuen
Dache
Bleib' ich mein und der Tugend Freund;
Mit heitrer Stirn, sitz' ich auf weichen Gras,
und lache,
Wenn auf dem Thron ein König weint.

67.

Ohne Stolz sein Glück ertragen,
In dem Unglück nicht verzagen,
Ist des Weisen Ruhm und Pflicht.
Wenn bey rächenden Gewittern

Erbe,

Erde, Meer und Himmel zittert,
Zittert nur der Weise nicht.

68.

Mein Freund! erzwing' dir nie ein Glücke!
Bestimmt sind schon die Augenblicke,
Worinn' der Mensch sein Glücke macht;
Ein Kluger wartet bis sie kommen,
Und läßt, wenn er sie wahrgenommen,
Sie ungebraucht nie aus der Acht.

69.

Klugheit ist Alter; unbefleckt Leben ist Pflicht;
— viele Reihe von Jahren durchleben ist öfters
nur Unglück; — Glücklich, wer bald zur Voll-
kommenheit reift!

70.

Freund! mache dich verdient um andrer
Wohlergehen;
Denn was ist göttlicher, als wenn du liebreich
bist
Und mit Vergnügen eilst, dem Nächsten beyzu-
stehen,

Der

Der , wenn er Grosmuth sieht , grosmüthig
dankbar ist.

71.

Ein Weiser muß die Tage brauchen ,
Dieweil sie so geschwind verrauchen ,
Doch so, daß er berechnen kan ,
Was er gethan.

72.

Sey stark, mein Geist! wenn dich der Kum-
mer plagt ,
Und klüg , wenn etwa gute Tage kommen ;
Gott hat der Sorgen Last auf sich genommen.
Drum sey nie trotzig, nie verzagt.

73.

Der Freundschaft hold Gefühl , beruht auf
gleichen Trieben :
Der Tugendhafte wird den Tugendhaften lieben.

74.

Der ganzen Schöpfung Wohl ist unser erst
Gesetze;

Ich

Ich werde glücklich seyn, wenn ich durch keine
      That,
Dies allgemeine Wohl verletze,
Für welches ich die Welt betrat.

75.

  Der Thore nimmt, — der Weise wählt,
Der Weise trift, — der Thor — der fehlt.

76.

  Die Tugend nur allein kann durch die Dun-
      kelheiten,
Uns in das Thal der Ruh vergnügt und sicher
      leiten.

77.

  Sey groß, nicht durch die Geburt, die oft
      auch Thoren erhöhet,
Groß, durch ein edles gefälliges Herz;
Hör' nicht den schmeichelnden Ruf der Wollust,
      welche dir winket,
Zum ewigen Tempel der Ehre zu gehn.

C   78. D

78.

O Freundschaft! Quell erhabner Triebe,
Dir folgen ist der Menschheit Pflicht;
Du hast die Reitzungen der Liebe,
Nur ihre Schmerzen hast du nicht.

79.

O Freund! die kostbaren Stunden entwi=
schen,
Unwiederbringlich ist jeder Verlust,
Nur eine Minute ist unser, die andere lieget im
Dunkeln,
Und ungewiß zwischen Leben und Tod.

80.

Rechtschaffenheit und Redlichkeit sind die
Charaktere ächter Freunde.

81.

Wer durch niedrigen Stolz die wahre Größe
des Weisen
Und die edlere Seele durch sklavische Laster
entehret,
Fühlt nicht der Freyheit edlere Lust.

82. Was

82.

Was braucht man mehr zur Luft, als eine
stille Seele?

Was braucht man mehr zum Glück, als ein
zufriednes Herz?

Im prächtigsten Pallast, und in der tiefsten
Höhle

Kann wahre Freude seyn, so gut als wahrer
Schmerz.

83.

Der Seelen heil'ge Ruh, von wenigen ge-
funden,

Von vielen nicht gesucht, den meisten unbe-
kannt,

Ist nicht an einen Stand, an einen Ort ge-
bunden,

Nein! jede Gegend ist des Weisen Vaterland.

84.

Freundschaftlich gegen jedermann,
Vertraulich gegen wenig;

C 2   Ver-

Verschwiegen, Freund! so viel man kann,
Wie Fritz, der Preußen König.

85.

Es lebe Billigkeit! ich räche
An andern niemals eine Schwäche,
Die ich nicht selbst besiegen kann.
Ich sehe diese Welt gern für ein Gasthaus an,
Das jedem offen steht. — Wer sprechen will,
        der spreche:
Hier ist ein voller Tisch gedeckt,
Ein jeder esse, was ihm schmeckt,
Und jeder zahle seine Zeche.

86.

Was kann im Glück
Den Werth des Glücks erhöhen?
Ein ruhig Herz, versüßt im Wohlergehen
Dir jeden frohen Augenblick.

87.

Laßt uns, der Zukunft unbesorgt, des Ta-
ges Freuden uns weihn; Laßt uns unter Schmer-
                                    zen

zen Frölichkeit mischen! Ein vollkommenes
Glück giebs doch nicht auf Erden.

88.

Entschlossen will ich Lasten nehmen,
Die Lieb' und Weisheit abgewägt;
Solt ich mich eines Schicksals schämen,
Zu dem Gott selbst den Plan gelegt!
Solt ich mit Undank dem begegnen,
Um dessen Saum die Schöpfung schwimmt?
O, mich kann auch ein Leiden segnen,
Das Gott zu meinem Heil bestimmt!

89.

Im Schoos der Tugend wird kein Zeit-
punkt deines Lebens dir ohne Wollust seyn.

90.

Willst du weise werden?
Schätze die Wahrheit!
Liebe die Menschen!
Fühle die Freundschaft!
Uebe die Tugend!
Dann bist du weise.

C 3   91. Durch-

91.

Vebranne die Grillen, vertreibe die Sorgen,
Sey frölich am Abend, sey lustig am Morgen,
Ergötze dich öfters, doch trenne dich nicht
Von Himmel und Tugend und göttlicher Pflicht.

92.

Es lebe die Feindschaft!
Es sterbe die Freunschaft!
Niemals in unsern Herzen.

93.

Um einen Freund von edler Art zu finden,
Muß man zuerst das Edle selbst empfinden,
Das uns der Liebe würdig macht.
Hast du Verdienst, ein Herz voll wahrer Güte,
So sorge nicht; Ein ähnliches Gemüthe
Läßt deinen Werth nicht aus der Acht.

94.

Was ist der Mensch, wenn seine schwache
Hütte der Tod zerbricht?
Was ist alsdann der Mensch? — Er ist ein
Staub,

Doch

Doch ewig nicht. — Bald ruft ihn die schaf-
fende Allmacht
Aus dem Staube in die Wohnungen der Un-
sterblichkeit.

95.

Ein froh und frey Gemüth , ein unverzagter
Muth,
Macht durch die ganze Welt die schlimmsten We-
ge gut.

96.

Des Weisen wahres Glück wird nicht vom
Ort entschieden,
Er kann stets gutes thun, und überall zufrieden,
Und immer glücklich seyn : denn seine reinste
Lust
Entspringt nicht ausser ihm, sie quillt in seiner
Brust.

97.

Die erste Pflicht, im Staat geliebt, belohnt von Gott,

C 4 Was

Was ist sie? — sey ein Christ und sey ein Pa-
triot.

98.

Des Geldes und des Ruhms, auch nicht der
Wollust Freund;
Ein Freund der Tugend nur ist auch ein Men-
schenfreund.

99.

Ein Schauspiel ist nur unser Leben,
Wo jedem seine Roll' bestimmt —
Die Rolle spielt er gut, die die Natur gegeben,
Die spielt er schlecht, die er sich selber nimmt.

100.

Der Morgen fand die schönste Pracht der
Nelken
Annoch unaufgeblüht und zu:
Der Abend sah sie welken;
Wer gleichet ihr? Mensch, das bist du.

101.

Im Unglück nicht verzagt,
Im Glück nicht übermüthig,

Ein

Ein Weiser, wenn er klagt,

Ein Menschenfreund gerecht und gütig.

Du fragst, wer dieses ist?

Sieh Freund! dies ist — der Christ.

102.

Versicherungen der Freundschaft fließen glatt von den Lippen herab und werden — öfters vergessen.

103.

Tugend und Religion begleiten uns durch die Thäler des Todes.

104.

Die Ehre der Natur, der innern Sinnen Glück,

Die wahre Freundschaft ist des Schöpfers Meisterstück.

105.

Bin ich nur bey mir versichert, daß ich nach Vernunft gethan,

Was geht mich der Bosheit Tadel, und des Pöbels Ausspruch an?

C 5

106.

106.

Ein weiſes frommes Herz ſey deiner Jugend
Luſt,

Sey werth, die Unſchuld recht zu küſſen,

Dieß ſey dein ächtes Glück; ſo erndet deine
Bruſt

Aufs Alter Ruhe im Gewiſſen.

107.

Nicht der Hochmuth, nicht die Eigenliebe;

Nein, vom Himmel eingepflanzte Triebe

Lehren Tugend.

Kein Wahlgeſez iſt ſie, das uns die Weiſen
lehren,

Sie iſt des Himmels Ruf, den nur die Herzen
ehren,

Ihr innerlich Gefühl beurtheilt jede That.

108.

Im Unglück nicht verzagt, im Glück nicht
gros gethan,

Zeigt ein geſezt Gemüth und klugen Menſchen
an.

109.

109.

Das edelste Schön, ist das Schöne der
Seele,

Wenn sie zu der Quelle der Schönheit empor
blüht;

Wo Sitten nicht wohnen,

Ist die Schönheit nur Farb, und Glanz, der
am Abend dahin welkt;

Tugend ist Schönheit.

110.

Welt, was bist du? betrügrischer Schauplaz! die Stände der Menschen

Sind nur Rollen, die die göttliche Vorsicht zur
Probe ertheilet:

Glücklich ist der, der im Schauplaz der Welt
das, was ihm geboten,

Munter verrichtet.

111.

Wahr ists, die Kunst ist schwer, sich selbsten zu besiegen,

Allein in dieser Kunst wohnt göttliches Vergnügen.

112.

112.

Man muß sich einen Freund wählen, der verständig genug ist, die Wahrheit zu erkennen, und grosmüthig, sie zu sagen.

113.

Der wird nie ganz unglücklich, der aus seinem Unglücke, Klugheit und Vorsicht lernt.

114.

O Vorsicht gieb am Ende meiner Tage
Mir auch ein ruhiges Gemüth,
Damit ich meinen Freunden sage:
Seht Lieben, seht, wie groß ist Gottes Güt'!

115.

Der Fleiß in nüzlichen Geschäften,
Der edle Wucher mit den Kräften,
Bestimmt das menschliche Geschick.
Des Menschen Glück nicht einzuschränken,
Verlieh ihm Gott die Kraft zu denken,
Und sprach: Mensch schaffe dein —— und deiner Brüder Glück.

116.

116.

Kennt mich ein Freund, der Witz und Tugend
liebt,
So darf mich weiter niemand kennen;
Und wem der Fürst nicht Gnadengelder giebt,
Der darf sich seinen Knecht nicht nennen!

117.

Geliebter Freund! faß diese Lehren,
Dein Herz ist ja geschickt dazu:
Dem kleinsten Laster abzuwehren,
Sey niemand eifriger als du!

118.

Laß auch deine Pflicht
Dich selbsten zu besiegen,
Die schwerste seyn; Sie ists! — doch welch
Vergnügen
Würkt sie nach der Vollbringung nicht!

119.

Kleinmuth und Stolz, macht den Contrast der
Thoren;
Uns, Freund! uns wird er nie entzweyn;

Wer

Wer edel denkt, hat nie den Zweck verloren,
Beglükt und tugenhaft zu seyn.

120.

Nur dem gehört allein des Freundes edler
Name,
Der unsre Sorgen theilt, betrübt bey unserm
Grame
Mit uns in unserm Unglück weint;
Der, eh' wir bitten, hilft, uns liebt, doch uns
nicht schmeichelt,
Ja! träf ihn unser Zorn, nicht unsern Lüsten
heuchelt.

121.

Die reine Freude quillt allein aus reinem Herzen:
Das Zeugniß, das wir thun, was unsre Pflicht
gebeut,
Entwafnet Ungeduld und Schmerzen,
In Tage voller Dunkelheit.

122.

Mit weiser Huld vertheilt das Schicksal Weh
und Freuden,

Das

Das bald auf Rosen uns durchs Leben wandern
heißt,
Bald aber durch bedornte Leiden
Des Lasters Armen uns entreißt.

122.

Umsonst, Freund! sucht der Mensch des wah=
ren Guten Quelle
Weit außer sich in wilder Lust;
In sich trägt er den Himmel und die Hölle!
Und seinen Richter in der Brust.

124.

Alte Freunde, und — alter Wein, sind im=
mer die besten! —

125.

Der Weise bleibt sich gleich im Schoos er=
wünschter Freuden,
Und sieht doch, eh' sie noch bald oder späte
scheiden,
Die leichten Flügel jeder Lust.
Wenn ihr Gefieder sich in schneller Flucht ver=
spreitet;

So

So sieht er's unbetäubt: — er hatte seine
Brust
Zu jedem Unfall vorbereitet.

126.

Freund! die größte Wollust lasse mit Entzücken
In der Uebung finden, Menschen zu beglücken,
Und dafür beglückt zu seyn.
Keinem als dem Schmeichler muß du zornig
blicken,
Und ihm nie dein Ohr verleihn.

127.

Der Himmel schränkt nicht seine Freuden
Auf unsrer Monden Anzahl ein;
Freund! aus uns selbsten quillt das Leiden
Und Glück, des Lebens froh zu seyn.

128.

Hinweg, ihr sorgenvollen Tage!
Sich freuen ist der Tugend Pflicht;
Ein Thor erlieget unter Plage,
Dem Weisen beugt der Kummer nicht.

Zu

Zu froh im Glück, verzagt im Schmerz,
Verräth ein lasterhaftes Herz.

130.

Sind Stand, Geburt und schlaue Künste,
Durch die oft Frechheit steigt, ehrwürdige Ver=
dienste?
Nein! dient und nüzt der Welt, thut eures
Standes Pflicht;
Ehrt euren Schöpfer recht, beleidigt Brüder
nicht,
Und lebt dem Unverstand zur Lehre:
So seyd ihr gros, so habt ihr Ehre!

131.

Keine niedere That bezeichne mein Leben,
Weinest nur du, einst ewig Geliebter,
Auf mein bemoostes Grab eine zärtliche Thräne;
Welcher Ruhm dann für mich!

132.

Verzage nicht in deinem Leiden;
Der Thor nur, nicht der Weise, zagt:

D   Der

Der Himmel schenkt vielleicht dir Freuden
Noch, eh der andre Morgen tagt.

133.

Alles bricht und alles fällt
Mit dem Leben in der Welt:
Wahre Freundschaft nur allein
Soll bey uns unsterblich seyn.

134.

Nur wenig Jahre sind wir hier;
Drey Theile, Freund! verschlafen wir,
Den vierten laß uns, da wir wachen,
Zum Monumente guter Thaten machen.

135.

Die Ehre der Natur, der innern Sinne
Glück,
Die wahre Freundschaft ist der Tugend Meister-
stück.

136.

Der ist ein edler Mann, der seines Thuns
sich freuet,
Und vieles that, — und den von allem nichts
gereuet,

137.

137.

Geſetze flößen uns Vernunft und Tugend ein.

Nur unſer eigen Herz kann unſer Richter ſeyn.

138.

Die Tugend nur allein bleibt uns im Un-

glück treu;

Sie bleibt noch groß im Schmerz, und noch in

Banden frey.

139.

Ein Weiſer bleibet groß, wenn Erd und

Himmel bricht:

Ihm decken kann ihr Fall, doch ihn erſchrecken

nicht.

Er kennt der Lüſte Wahn; ſie reizen ihn verge-

bens:

Ganz ſtill durchſchlendert er den dunkeln Weg

des Lebens.

140.

Die größte Weisheit iſts: Ein wahrer

Menſch zu ſeyn.

D 2　　　　　Ich

Ich seh den Weisen nicht, wenn mir der Mensch
verschwindet:

Der kann nicht standhaft seyn, der keinen
Schmerz empfindet.

O Jüngling! wenn dein Herz sich ächter Tu=
gend weyht,

O! so eröfn' es bald erhabner Zärtlichkeit.

141.

Das Herz des Menschenfreunds wird Geiz und
Wolluſt meiden:

Es fühlt sein Innerſtes des Nebenmenschen Lei=
den;

Es weint, wenn jenes weint, und weinet un=
verſtellt,

Es freuet sich auch mit, wenn jenes Freud' er=
hält.

142.

Tugend iſt ihre eigne Belohnung; sie macht
uns ohne Hülfe der Wappenkunſt in dieser Welt
edel, und in jener glücklich.

143.

143.

Sich das Glück des Weisen und das Unglück des Thoren vorstellen, ist der Anfang zur Tugend.

144.

Wer auf dem Wege der Ehre ist, muß jederzeit auf dem Wege der Tugend seyn.

145.

Ehrliche Leute erklären sich öffentlich für die Tugend: Die Schelme heimlich.

146.

Die Heuchelei ist eine Unterthänigkeit, welche das Laster der Tugend erweiset.

147.

Die Natur macht die Verdienste; die Kunst macht sie vollkommen; das Glück wendet sie an.

148.

Genieß der frohen Zeit; ertrage deine Pein: Wer kann in dieser Welt vollkommen glücklich seyn?

149.

Bedauernswerthes Glück, das Menschenfeind-
schaft nähret!

Nur der erkennt sein Glück, der wohlzuthun
begehret,

Der, der im Herzen fühlt, von Stolz und La-
stern frey,

Daß unsrer Menschheit Glück nur Menschen-
liebe sey.

150.

Es ist dein eignes Herz, die Quelle deiner
Lust,

Nicht Schimmer, Macht und Stolz, der Richter deiner Brust,

Nur dein Gewissen kann dir wahre Freude geben.
Wenn dieses dich verklagt, wirst du nie glücklich
leben.

151.

Der Weise bleibt vergnügt, und gros in jedem Stand:

Frey

frey bleibt er in der Stadt, frey bleibt er auf
dem Land.

152.

Die mäßige Traurigkeit erweichet die Seele;
die übermäßige Traurigkeit aber verhärtet sie.

153.

Die Gelegenheit, Leute glücklich zu machen,
ist selten: die Strafe, sie versäumt zu haben, ist,
sie nicht wieder zu finden.

154.

Das beste Studium des Menschen ist der
Mensch selbst.

155.

Die Geduld ist das Mittel wider die Verläumdung; die Zeit entdecket die Wahrheit.

156.

Die Vernunft betriegt uns oft; aber niemals die Natur.

157.

Es gehöret eine gesunde Seele dazu, die An-
nehmlichkeiten der Einsamkeit zu schmecken.

D 4   158.

158.

Die Vernunft zeigt uns unsern Zweck: Die
Leidenschaften entfernen uns davon.

159.

Ein Weiser mäßigt sich; Ein Thor weis gar
kein Ziel:
Der, der sich selbst nicht kennt, traut stets sich
gar zu viel.
Wer andre wärklich kennt, wird auch sich selber
kennen.

160.

Die Verdienste eines Menschen bestehen nicht
darinnen, ohne Leidenschaften zu seyn, sondern
sie zu überwinden.

161.

Auf finstrer Stirn und steifen Rücken
Beruht des Standes Hoheit nicht;
Wer gütig ist und freundlich spricht,
Kann aller Menschen Herz entzücken,
Dem Hochmuth folget Spott und Schmach,
Der Sanftmuth Ehrerbietung nach.

162.

162.

Beglückt, wer unbesorgt, mit sich zufrieden
lebet,
Nicht nach dem eitlen Nichts der Stolzen Ehre
strebet;
Wer nicht den wahren Zweck, warum er lebt,
vergißt,
Und seine Größe nicht nach todten Schätzen mißt.

163.

Begehre nicht ein Glück zu groß,
Und nicht ein Weib zu schön;
Der Himmel möchte dir dies Loos
Im Zorne zugestehn!

164.

Der Weise theilet seine Zeit
In Arbeit, Ruh und Frölichkeit.

165.

Des Weisen Glück ist Tugend und Verstand;
Und führet ihn die gute Hand,
Die unser Schicksal lenkt auf Erden;
Wie sollte der nicht glücklich werden?

166.

166.

Die Tugend folget stets der Weisheit hohen
Plan,
Und unser wahres Glück fängt mit derselben an.

167.

Die Huld , die Thiere nährt , wird Men-
schen nicht verstoßen,
Wer groß im Kleinen ist , wird größer seyn im
Großen.

168.

Die Tugend lehret jederzeit
Dem, der nach ihrer Vorschrift lebet,
Ein Herz von Treu und Redlichkeit
Hat immer noch sein Glück erstrebet.
Der Tugendhafte findt' es oft
Wenn ers am wenigsten gehoft.

169.

Die Zeit zerstöret oft die Liebe: Die Freundschaft aber befestiget sie.

170.

Die Uebereinstimmung der Gesinnungen erweckt die Freundschaft: Die Verschiedenheit derselben vernichtet sie.

171.

Höret das Böse nicht an, das man euch von eurem Freunde saget: redet auch nichts Böses von eurem Freunde. Glaubet nicht alles, was man euch von ihm sagt, und saget nicht alles, was ihr von ihm glaubet.

172.

Denket alles, was ihr saget: saget aber nicht alles, was ihr denket.

173.

Die Meynung ist der Wegweiser der Thoren: Die Vernunft aber ist der Weisen ihrer.

174.

Hoffet herzhaft, verzweifelt klüglich, fürchtet nichts, und habt auf alles acht.

175.

Das Stillschweigen giebt den Gedanken ein Gewicht, und den Worten ein Ansehen.

176.

Der Zweifel ist die Schule der Wahrheit.

177.

Wer am langsamsten verspricht, hält am ersten. Wir versprechen oft nach unserer Hofnung, und halten, nach unserer Furcht.

178.

Gut, viel, geschwind und vernünftig reden, ist niemals das Werk eines einzigen Menschen gewesen.

179.

Die Bescheidenheit dienet der Wahrheit zur Zierde, und dem Irrthume zur Entschuldigung.

180.

Der Fleiß in nüzlichen Geschäften,
Der edle Wucher mit den Kräften,
Bestimmt das menschliche Geschick.

Der

Der Menschen Glück nicht einzuschränken,
Verlieh ihm Gott die Kraft zu denken,
Und sprach: Mensch! schaffe dein und deiner
Brüder Glück.

181.

Man giebt nichts so gern; als einen Rath.

182.

Die Veränderung aller Sachen,
Weiter Staaten Flor und Fall,
Wird mich niemals zitternd machen;
Denn mein Glück wohnt überall.
Kein Gewichte blanker Schätze
Zieht mich von dem Himmel ab:
Und wenn ich mich recht ergötze,
Denk ich ruhig an mein Grab.

183.

Die Flucht der Zeit hemmt Gram und
Wunsch vergebens;
Ein Weiser nur allein
Weiß den unsichern Pfad des traumerfüllten Le-
bens,
Mit Rosen zu bestreun.

184.

184.

Der Weise bleibt sich immer gleich:
Er ist in seiner Lust kein Sklave schöner Tage,
Und stets an innrer Wollust reich.
Was ihm die Zeit und Mißgeschick entwandt,
Verliert er ohne Klage.

185.

Der Mensch ist so ein kluges Thier,
Und dennoch läßt er sich die Wollust leicht er=
schleichen;
Die schöne Mörderin! Die Mutter junger Lei=
chen!
Wer lange leben will, der hüte sich vor ihr.

186.

Der Fromme ist getrost, wenn auch ein Don=
ner kracht,
Weil er versichert ist, daß Gott ihn treu bewacht.

187.

Die wahre Tapferkeit ist die, welche ohne
Zeugen das thut, was sie vor jedermann thun
kann.

188.

188.

Das ganze Leben besteht in drey Stücken:

   1.) Gebohren werden.

   2.) Leben.

   3.) Sterben.

Man fühlt es nicht, wenn man gebohren wird. Man leidet, wenn man stirbt. Bey alle dem vergißt man zu leben.

189.

Der Umgang mit Weisen, bildet den Verstand und das Herz: Der Umgang mit Thoren verdirbt beydes.

190.

Seyd das, was ihr scheinet, und scheinet das, was ihr seyd.

191.

Wer nicht allerhand Karakter ertragen kann, muß einen sehr schlechten haben.

192.

Ehrerbietig gegen seine Obern zu seyn, ist eine Pflicht; es gegen seines gleichen zu seyn,

ist

ist Höflichkeit; gegen seine Untern, ists eine
Großmuth; und es ohne Unterscheid gegen je=
dermann zu seyn, ist der höchste Grad der Ge=
schicklichkeit.

193.

Die Misgunst macht sich allezeit
An Leute von besondern Gaben.
Der Schluß hat seine Richtigkeit:
Wer Neider hat, muß auch viel Gutes an sich
haben.

194.

Glück und Unglück wechseln ab, denn wenn
dieses nicht so wär,
Trüge mancher gar zu leicht, mancher aber gar
zu schwer.

195.

Thu' alles mit Bedacht, brauch' Vorsicht
mit Gebet;
So wirst du finden, daß dein Werk von statten
geht.

196.

196.

Das Glücke spielt mit allen unsern Sorgen,
Der Lust folgt Traurigkeit:
Ein Weiser trauet nie dem ungewissen Morgen,
Und braucht das kurze Heut.

197.

Das Werkzeug unsers Glücks ist allen gleich
gemessen;
Ein jeder hat sein Pfund, und niemand ist vergessen.

198.

Ein tugendhafter Mensch, ein Mann, den
Weisheit zieret,
Ist wohl das schönste Werk, das Gott hat aus-
geführet.

199.

Ein Leid, das künftig ist, gebührt nur Angst
und Schreken;
Ein überstandnes Leid kann nichts als Lust er-
weken.

E   200.

─────── ───────

200.

Die Kunst sey noch so gros, die dein Verstand besitzet,

Sie bleibt doch lächerlich, wenn sie der Welt
nichts nützet.

201.

Wer ist der listigste Betrüger?

Es ist, o Mensch! dein eignes Herz.

202.

Fang an dein Werk mit Wohlbedacht; führ'
alles mit Bestand;

Was drüber dir begegnen mag, das kömmt von
Gottes Hand!

203.

Man muß den schönsten Tag nicht vor dem
Abend loben! —— Nie sage der Mensch, daß er
glücklich sey, als beym lezten Hauche seines Lebens! ——

204.

Wem die Natur zu der Gefahr bestimmt,
dem hat sie auch den Muth zu der Gefahr gegeben.

205.

205.

Lebt nicht der Nachwelt blos; lebt unsrer
Zeit zugleich;
Kennt andre, kennt die Welt, — vor allen
kennet euch!

206.

Bey allen deinem Thun, laß die Vernunft
dich leiten;
So wirst du wahre Ruh aufs Alter dir bereiten.

207.

Jeder Mensch hat die Form seines Glücks,
entweder in seinen Händen, oder in seinem Kopfe.

208.

Ein feiner durchdringender Geist macht über
lang oder kurz sein Glück. Er entschließt geschwind im Zweifel, und blickt mit Entschlossen-
heit über die Hecken eines Labyrinths.

209.

Man bringt es weit, wenn man die Fehler
anderer in der Stille bemerkt, und seine eignen

E 2   dar-

darnach verbeſſert. Dieſes heißt da ſein Glück
machen, wo andere ihren Untergang finden.

210.

Oft wird man dreyßig Jahr alt, und fängt
an, an ſeinem Glück zu bauen, und im funf=
zigſten Jahre iſts noch nicht gemacht. Man
bauet in ſeiner Jugend: und man muß ſterben,
wenn das Gebäude bald fertig iſt.

211.

Nicht das Gold macht uns glücklich. Eine
gute Geſundheit, ein gutes Gewiſſen, ein gu=
ter Ruf, wenig Begierden und eine geſezte Re=
ligion, das iſt das wahre Glück. Ich kan la=
chen ohne ein König zu ſeyn.

212.

Die Reichthümer verderben die Seele: Die
Armuth macht ſie niederträchtig. Freund! wir
wollen um das beſcheidene Theil Speiſe beküm=
mert ſeyn, und der liebe Schöpfer wird uns
nichts vorenthalten.

213.

213.

Freund! laß uns ehrerbiethig gegen alle Menschen, aber nie der Vornehmern Speichellecker
seyn.

214.

Kleines Vermögen zu erwerben, kostet viel
Mühe! — Großes, erlangt man leicht, aber
meist durch Heucheley oder erzwungene Heyrath!

215.

Die wirkliche Welt hat ihre Grenzen: Die
eingebildete Welt hat keine. Da wir jene nicht
erweitern können, so laßt uns diese enger machen: von ihrem Unterschiede allein hängt unser
Glück ab.

216.

Das sicherste Mittel Ruhm zu erwerben ist,
Verdienste zu haben.

217.

Man kan sich einen grossen Ruhm erwerben,
wenn man noch keinen hat: ist er aber einmal ver-

E 3   — telt,

dunkelt, so ist kein Mittel zu finden, ihn wieder
zu erlangen.

218.

Eine grosse Seele beschäftigt sich grosse Thaten zu thun: ein einfältiger Mensch steht da, und
wundert sich!

219.

Die Verachtung der Thoren ist nichts. Die
Hochachtung der Weisen hat grossen Nachdruck.

220.

Sprich selbst: Ist dies kein Glück, mit ruhigem Gewissen

Die Güter dieser Welt, des Lebens Glück geniessen,

Und mässig und gerecht in dem Genusse seyn,

Und sich der Seeligkeit schon hier im Glauben
freun ——?

221.

O Einsamkeit! wie sanft erquickst du mich,
Wenn meine Kräfte früh ermatten!
Mit heisser Sehnsucht such' ich dich ——;

So

So sucht ein Wand'rer matt den Schatten.
O daß dein Reiz, geliebte Einsamkeit,
Mir oft das Bild des Grabes brächte —!
So lockt des Abends Dunkelheit,
Zur tiefen Ruhe schöner Nächte.

222.

O Schöpfer bilde meine Triebe!
Gieb mir ein weiches Herz:
Ein Herz voll Mitleid und voll Liebe,
Des Nächsten Schmerz sey auch mein Schmerz!
Laß mich mit Hülfe zu ihm eilen:
Im Gram ihn zu erfreun!
Mein Glück mit Schmachtenden zu theilen,
Gott, welches Glück kan grösser seyn!

223.

Göttliche Religion!
Meine Seele sey dein Thron;
Du kanst Seligkeit und Leben,
Und des Himmels Wonne geben!
Einst den Engeln gleich zu seyn,
Dazu weyhest du mich ein!

E 4   O

O wie groß wird meine Jugend
Durch Religion und Tugend.

224.

Jeder Tag ist er vergebens,
Ist im Buche meines Lebens,
Nichts, ein unbeschriebnes Blatt!
Wohl denn! Morgen, so wie heute,
Steh' darinn auf jeder Seite
Von mir eine gute That.

225.

Ist Mitleid mit dem Armen
Und Wohlthun und Erbarmen
Mit so viel reiner Lust verwandt:
So sey in meinem Leben
Mir oft dies Glück gegeben
Und immer offen meine Hand.

226.

Es soll mir eine Lehre seyn,
Nie auf dem äußerlichen Schein
Blos mein Vertrau'n zu setzen.
Der, den wir jetzt verächtlich schätzen,

Viel-

Vielleicht wird das ein größrer Mann,
Als ich nie werden kann.

227.

Und gieng es über Stock und Steg,
Bleib ich bey gutem Muthe;
Bald kömmt dann wieder guter Weg,
Und mit ihm manches Gute!

228.

Wer stets dem Glück' im Schooße ruht
Wird oft zur Tugend träge:
Doch er wird thätig, weise, gut,
Fühlt er des Unglücks Schläge.

229.

Wenn nur die düstre Weite der Zukunft mein
Auge nicht trügt!

230.

O, man trotze nicht auf Erden
Auf Gestalt und äußre Pracht:
Das kann oft zum Fall uns werden,
Was uns stolz und eitel macht.

E 5

Wer

Wer nicht sehr ins Auge fällt,
Dem beneidet nicht die Welt.

231.

Mich übereile keine That,
Die ich einst muß bereuen!
Denn wer ein gut Gewissen hat,
Braucht nie den Tag zu scheuen.

232.

O, ladet mich der goldne Schein
Der Wollust dieses Lebens ein:
So denke stets mein Herz daran,
Wie leicht ihr Reitz verderben kan.

233.

Zu den Unmöglichen ist niemand nicht ver-
bunden,
Doch wird, durch muntern Fleiß, das Schwer-
ste leicht befunden;
Die Würkung unsers Geists macht uns sein We-
sen kund,
Dies lehrt die Weisheit uns, durch sie, der
Wahrheit Mund.

234.

234.

Ihr, die ihr auf dem Pfad der strengen Tugend gehet,

Denkt oft an den Beruf, darinn ihr alle stehet.

Entdeckt der Tugend Werth, weil niemand Tugend übt,

Als der sie recht erkennt und recht vertraulich
liebt.

Zeigt, wie des Lasters Reitz des Menschen Glück
vernichte,

Rührt aller Menschen Herz durch euer gut Ge-
rüchte.

235.

Kommt der Tod mit finsterm Blicke,
O so sieh ihn lächelnd an;
Und im letzten Augenblicke,
Zeige, was ein Christe kann!

236.

Feyerliches Schweigen,
Schirmt der Weisheit Thron,
Keine Welt voll Zeugen

Suche

Sucht der Tugend Lohn.
Laßt den Blinden schmähen
Auf der Sonne Licht!
Engel, die euch sehen,
Spotten eurer nicht.

237.

Nur die Tugend währet,
Bauet selbst ihr Glück,
Und durch Wohlthun mehret
Sich die Wonn' im Blick.
Nur die Tugend führet
Hin zum großen Ziel.
Wer sie einst verlieret,
Der verliert das Spiel.

238.

Auf Tugend gelehnt, trotzt der Weise
Dem Wütrich mit ergrimmten Blick;
Er sieht auf seine Lebensreise
Noch einst mit heitrer Stirn zurück.

239.

Freund, denke, daß wir alle
Nach einer Heimath gehn,
Und nach der Welten Falle
Gekrönt noch werden stehn!
Laß nie uns von dem Bunde
Der schönen Tugend gehn:
So schlägt gewiß die Stunde,
Wo wir uns wiedersehn!

240.

Laß in bunten Zimmern Thoren schmachten,
Die den Eulen gleich die Sonne scheun;
Laß die Reichen alle Welt verachten;
Stolz und unempfindlich seyn,
Und die Stirn' in volle Falten legen.
Lächelnd wollen wir durchs Leben gehn,
Liebster! unserm grossen Ziel entgegen,
Sanft und lächelnd stille stehn.

241.

Gott! Nichts bitt' ich, als nur aus deinen
        Händen
                        Brod,

Brod, Segen und Zufriedenheit!
Und sollte dieser Tag mein Leben enden,
Dann, Vater! Gnad' und Seligkeit!

242.

Kein Uebermuth beherrsche dich im Glücke,
Reiß dich in Noth von Kleinmuth loß!
Bleibt nur in deiner Brust noch Christenthum
        zurücke,
Bist du gewiß im Glück und Unglück groß.

243.

Bleib redlich gegen deine Freunde,
Nie unversöhnlich gegen Feinde,
Verläugne nie die Menschlichkeit;
Lern immer mehr den Zorn bezähmen,
Und nie dich der Empfindung schämen,
Die weder deinen Stand noch deine Pflicht ent=
        weiht.

244.

Geh hin, mein Liebling, deinen Wegen
Sey jener Vorsicht Schutz und Seegen
Von mir auch künftig noch erfleht:

                            So

So lange sich mein Blut beweget,
Dies Herz in meinem Busen schläget,
Bleibt auch dein Wohl mein Wunsch, dein Glü=
cke mein Gebet.

245.

Vom Glanze der Religion
Umgeben, stirbt und überwindet
Der Christ, der seines Glaubens Lohn
Vor dessen Thron, an den er sterbend glaubte,
findet.

246.

Ergieb dich, Sterblicher, nur Gott und dem
Geschicke,
Er, der das Leben gab, bestimmt dir auch dein
Grab,
Such' es nicht vor der Zeit, und wünsch' dich
nicht zurücke,
Wenn sein Befehl dir ruft, so geh getrost hinab.

247.

Weißlich halte das Geschicke,
Unsrer Zukunft, ungewiß;

Freund!

Freund! wer drang mit frechem Blike,
Je durch ihre Finsterniß?
Schaue nicht mit schwarzen Sorgen,
Hin, nach deiner Tage Ziel;
Rechne niemals auf den Morgen:
Ach, du hoffst vielleicht zu viel!

248.

Genug, wenn ich mir sagen kan:
Was ich gekonnt, hab' ich gethan!

249.

Der Tugend Ernst zeugt Lust; und Uebung
Muth und Kräfte;
Der Müßiggang bringt Pein; und Seegen die
Geschäfte!

250.

Kein Herz kan glücklich seyn, als wenn es
Gutes schaft,
Wer redlich Tugend will, der hat zur Tugend
Kraft.

251.

251.

O Freund, ich ruf' es dir hinein in deine
Seele —
Sey Beyspiel, Beyspiel mir und Warnung eh
ich fehle!
Vereine Herz mit mir und schlage Hand in Hand;
Und unser dritter Freund sey unser Vaterland! —

252.

Blos Tugend hat nur das, was Thor und
Weiser liebt,
Nur sie ist's, die uns mehr, als wir uns wün-
schen giebt.

253.

Nun lebe wohl! Gott geh mit dir;
Steh in Gefahr dir bey!
Freund! deine Freunde bleiben wir;
Bleibst du der Tugend treu.
Ja, wir sind deiner Treu gewiß!
Umarm' uns inbrunstvoll;
Den lezten Handdruck, nein gewiß,
Nein den nicht! Lebe wohl!

F   254.

254.

Erfülle dich, scheinst du zu wanken,
Oft mit dem mächtigen Gedanken:
Die Unschuld ist der Seele Glück!
Einmal verscherzt und aufgegeben!
Verläßt sie mich im ganzen Leben,
Und keine Reu bringt sie zurück.

255.

Der Leichtsinn darf sich jezt so groß doch nicht
mehr machen,
Und läßt die Tugend sichrer gehn;
Und muß, darf er auch ihr'r noch lachen,
Doch leise sagen: „Sie ist schön!

256.

Durch Menschlichkeit beschämte Feinde,
Die nie was Schwaches an dir sehn;
Durch Wohlthun dir erworbne Freunde,
Die müssen deinen Ruhm erhöhn!

257.

Wenn ich nur nicht mein Elend selbst ver-
schulde;

Wenn

Wenn ich als Mensch, als Christ hier leid
und dulde,
So kan ich mich der Hülfe der Erlösten,
Sicher getrösten.

258.

Ich kan der Sonne Wunder nicht,
Noch ihren Lauf und Bau ergründen;
Und doch kan ich der Sonne Licht,
Und ihre Wärm' empfinden. ——
So kan mein Geist den hohen Rath
Des Opfers Jesu nicht ergründen;
Allein das göttliche der That,
Das kan mein Herz empfinden.

259.

Sein Glück von seinem Gott begehren,
Ist dies denn eine schwere Pflicht?
Und seine Wünsche Gott erklären,
Erhebt das unsre Seele nicht?
Sich in der Furcht des Höchsten stärken,
In dem Vertraun, daß Gott uns liebt,

Im

Im Fleiß zu allen guten Werken,
Ist diese Pflicht für dich betrübt?
Nicht Töne finds, die Gott gefallen,
Nicht Worte, die die Kunst gebeut! —
Gott ist kein Mensch. Ein gläubig Lallen,
Das ist vor ihm Beredsamkeit.

260.

Denk oft: Gott, was ich bin, ist dein; soll ich,
     wie du, nicht gütig seyn?
Du schenkst mir täglich so viel Schuld,
Du, Herr von meinen Tagen! —
Ich aber sollte nicht Geduld
Mit meinen Brüdern tragen? —
Dem nicht verzeyhn, dem du vergiebst,
Und dem nicht lieben, den du liebst?

261.

 Gott ist der Herr, und seinen Segen
Vertheilt er stets mit weiser Hand;
Nicht so, wie wir's zu wünschen pflegen,
Doch so, wie ers uns heilsam fand.

262.

262.

Du sollst dein Nichts erkennen lernen,
Sollst das Vertraun auf dich entfernen,
Und sehn: was Gottes Gnade sey.
Dir bleibt das Erbtheil der Erlösten;
Und will dich Gott nicht eher trösten,
Steht er dir doch im Tode bey.

263.

Was sagt ihr, Weise dieser Welt, zur Freund-
  schaft müßte man sich gleichen?
Ihr leugnet, daß sich Gott gesellt mit denen, die
  ihm nicht erreichen? ―
Und wie entfernt bin ich, ich Nichts! von ihm,
  dem Urquell alles Lichts! ―
Doch sichtbar sey gleich meine Blöße
Und unaussprechlich seine Größe! ―
Bin ich gleich sündhaft, ― Er ― ganz rein;
So bleibt er doch mein Freund. ― ich sein!

264.

Nur weg mit dem, was sich die Welt er-
  kohren!

F 3   Mich

Mich reizt es nicht, und fest steht mein Ent-
schluß!
Ließ nicht mein Freund aus Liebe Hand und Fuß,
Ja Seit' und Herz, so grausam sich durchbohren?
So bin auch ich, aus Lieb' und Dankbarkeit
Die liebste Lust zu kreuzigen bereit!
Sein Beyfall ists, wornach mein Eifer strebt,
Sein Leiden ists, was mich zu ihm erhebt.

265.

Der Weisheit erster Schritt, ist seine Thorheit
kennen;
Und diesen ersten Schritt? — Mein Herz ver-
wehrt mir ihn!
Voll Eigenlieb' und Stolz, will sich nicht
strafbar nennen,
Der Reu entgehn, doch nicht den Fehler fliehn.
Doch so verderbt ich bin, so schwach mich selbst
zu heilen;
So steure Gott, doch der Verdorbenheit! —
Laß durch dein heilig Wort mir neue Kraft
ertheilen,
Licht

Licht der Vernunft, den Herzen Reinigkeit.

266.

Verzehre nicht des Lebenskräfte
In träger Unzufriedenheit;
Besorge deine Standsgeschäfte
Und nütze deine Lebenszeit.

267.

Komm, Bruder, komm! reich her die Hand!
Wir wollen uns versöhnen,
Und auch von dem, was uns entbrannt, ——
Vom Stolz und Neid entwöhnen!
Verzeihn hält zwar die Welt für Schmach;
Doch wir, —— wir folgen Jesu nach.
Mag doch die Welt uns höhnen! ——

268.

Sprich selbst, gewinnet Gott, wenn ich ihn
        kindlich diene,
Und seiner werth zu seyn, im Glauben mich er=
        kühne?
Wenn du die Tugend übst, die Gott dein Herr,
        gebeut,

iWem

Wem dienst du? — ringst du nicht nach eigner
Seligkeit?

269.

Entschließe dich beherzt, dich selber zu be-
siegen,
Der Sieg, so schwer er ist; bringt göttliches
Vergnügen.
Was zagst du? — Geht er gleich im Anfang
langsam fort;
Sey wacker! — Gott ist noch, und stärkt dich
durch sein Wort.

270.

Wahr ists, Verläumdung dulden müssen,
ist eine schwere Pflicht! —
Doch selig, wenn ein gut Gewissen, zu unsrer
Ehre spricht! —
Dem Feinde will ich sanft begegnen, nicht dro-
hen wenn er droht:
Wenn er mich schilt, will ich ihn segnen! —
dies ist des Herrn Gebot.

271.

271.

Andern zu Gefallen lügen, lernen Schwä-
tzern gleich zu seyn,
Heuchelnd Brüder zu betrügen, Gott! das falle
mir nicht ein!
Wahrheit leit an allen Orten, mich in Werken
und in Worten.
Redlich sey des Herzensgrund, redlich spreche
auch mein Mund.

272.

Die, die sich ihrer Laster freun, trift die
kein Schmerz hienieden? ——
Sie sind die Sklaven eigner Pein, und haben
keinen Frieden.
Der Fromme, der die Lüste dämpft, hat oft
auch seine Leiden? ——
Ja, —— doch der Schmerz, mit dem er kämpft,
verwandelt sich in Freuden.

273.

Der Versäumniß unsrer Pflicht,
Folgt im göttlichen Gericht,

Neun

Wenn der Tod uns hingerafft,
Eine strenge Rechenschaft.

274.

Ohne Gott ist mir das Leben Last;
Ohne ihn der Himmel selbst kein Himmel.
Durch ihn find' ich in der Arbeit Rast,
Und die Ruhe mitten im Getümmel.
So viel hier Geräusch auch um mich sey;
Ohne ihn ists öde Wüsteney! ——
Doch bin ich, wenn mich auch alle fliehen,
Wenn sich selbsten Freunde mir entziehen,
Zwar hier einsam, aber nicht allein:
Denn mein Freund ist mein, und ich
bin sein.

275.

Auch wenn man, was ich habe, nimmt,
Was ich bedarf, mir nicht gewähret;
Wenn alles, wider mich ergrimmt,
Mich drückt, verfolgt, beraubt, entehret,
Gleich jenen Märtyrern mich quält,
Zerfleischt, zerstümmelt und entseelt.

Die

Die Welt raub' alles! — Meinen Glauben
Kan ihre Wuth mir doch nicht rauben.

276.

Das sey mein Trost in allen trüben Stunden,

Vom Tode selbst bleibt er unüberwunden:

Kein Tod, kein Grab trennt mich, o Gott!
von dir,

Mein Fels, mein Heil, — das bleibst du
ewig mir!

277.

Unachsam auf seine Pflicht, merkt die Zeit
der Jüngling nicht,

Sieht vor sich ein fernes Ziel, rechnet noch der
Jahre viel.

Ihm dehnt sich die kurze Zeit, aus zur langen
Ewigkeit;

Aber schaut der Greis zurück, dünkt sie ihm
ein Augenblick! —

Leicht entflieht ein Morgentraum! —

Leicht zerschmilzt des Wassers Schaum! —

Stein

Steigend noch zergeht der Rauch! —
So ist unser Leben auch!

278.

Vollkommne Ruh und Sicherheit,
Ist nur ein Glück der Ewigkeit.

279.

In deine Hand befehle ich, o Gott! mein
ganzes Leben;
Mein hoffend Auge blickt auf dich; dir kan ich
mich ergeben.

280.

Wer wacht, wenn ich von mir nichts weis,
mein Leben zu bewahren?
Wer stärkt mein Blut in seinem Fleiß, und
schüzt mich vor Gefahren?
Du bist es, Gott, und Herr der Welt, und
dein ist unser Leben!
Du bist es, der es uns erhält, und der es uns
gegeben.

281.

281.

Laß mich, o höchste Majestät! dein helles
Auge scheuen;
Wo ist der, der dich hintergeht, mit seinen
Heucheleyen?
Laß mich auch in der Einsamkeit dich gegen-
wärtig denken!
Laß Wahrheit und Rechtschaffenheit bey allem
Thun mich lenken!

282.

Laßt seyn, daß uns die Welt verhöhnt! —
Wer treu nicht kämpft, wird nicht gekrönt.

283.

Gott fürchten, das ist Weisheit nur, und
Freyheit ists sie wählen.
Ein Thier folgt Fesseln der Natur, ein Mensch
dem Licht der Seelen.
Was ist des Geistes Eigenthum? Was sein Be-
ruf auf Erden?
Die Tugend! — Was ihr Lohn? Ihr Ruhm?
Gott ewig ähnlich werden.

284.

284.

Weise, Heilige, Barbaren, fühlen, denken
und bekennen
Dich, du Ursprung aller Dinge! unerforschter
Geist der Kraft!
Mein Verständniß ist begränzet: nur dich groß
und gut zu nennen
Und mich selber blind zu wissen, das ist meine
Wissenschaft.

285.

Sollt' ich der Menschen Ruhm, stolz zu er-
ringen trachten?
Nein, Gott! wenn du mich ehrst, mag mich
die Welt verachten! ——
Du bist es, dem zum Dienst, ich Leib und See-
le weih;
Gieb, daß vor aller Welt, dein Wort mein
Wahlspruch sey! ——

286.

Schütze mich vor eitelm Stolze, der sich
bey dem Gut erhebt,

Das,

Das, o Gott! hier dem Besitzer, deine Milde
    nur geliehn:
Auch vor wahren Mißvergnügen, das um=
    sonst nach Dingen strebt,
Die ihm, deine Macht und Weisheit, theils
    versagen, theils entziehn!

287.

Wer seines Nächsten Ehre schmäht,
Und gern sie schmähen höret,
Sich freut, wenn sich sein Feind vergeht,
Und nichts zum Besten kehret;
Nicht dem Verläumder widerspricht,
Liebt Gott und seinen Nächsten nicht.

288.

Du streitest nicht aus eigner Kraft, drum
    muß es dir gelingen;
Gott ist es, welcher beydes schaft, das Wollen
    und Vollbringen.
Der Tugend Pfad ist Anfangs steil, läßt
    nichts als Müh' erblicken:

                Doch

Doch weiter fort, fährt er zum Heil, und end-
lich zum Entzücken.

289.

Laß dir die Wollust zu verwehren, nie Speis
und Trank dein Herz beschweren;
Und sey ein Freund der Nüchternheit.
Versage dir, dich zu besiegen, auch öfters ein
erlaubt Vergnügen,
Und steure deiner Sinnlichkeit.
Laß nicht dein Auge dir gebieten; und sey die
Wollust zu verhüten,
Stets Schamhaft gegen deinem Leib.
Entflieh' des Witzlings freyen Scherzen, und such'
im Umgang edler Herzen,
Dir Beyspiel, Witz und Zeitvertreib.

290.

Ermattest du, in deinen Pflichten:
So laß den Tod dich, unterrichten,
Wie wenig deiner Tage sind.
Sprich: sollt' ich Gutes wohl verschieben?
Nein,

Nein, meine Zeit, es auszuüben,
Ist kurz, und sie verfliegt geschwind.

291.

Verachte christlich gros, des Bibelfeindes
Spott;
Die Lehre, die er schmäht, bleibt doch das
Wort aus Gott!

292.

Erfüll' dich, scheinest du zu wanken, oft
mit dem mächtigen Gedanken:
Die Unschuld ist der Seele Glück.
Einmal verscherzt und aufgegeben, verläßt sie
dich im ganzen Leben,
Und keine Reu bringt sie zurück.

293.

Hier, wo die Tugend öfters leidet, das La-
ster öfters glücklich ist,
Wo man den Glücklichen beneidet, und des Be-
kümmerten vergißt;
Hier kan der Mensch nie frey von Pein,
Nie frey von eigner Schwachheit seyn.

294.

294.

Solt' ich der Menschen Ruhm stolz zu er-
ringen trachten?

Nein, Gott! wenn du mich ehrst, mag mich
der Mensch verachten.

295.

Durch Tugend steigen wir empor zu der Seeligkeit reiner Geister, zu paradisischem Glücke,
da hingegen jede unbesiegte, unreine Leidenschaft
uns hinunter reißt, und in Labyrinthe schlep-
pet, wo Unruhe, Angst, Elend und Nach-
reue auf uns lauren.

296.

Die Müßiggänger sind die Diebe meiner
Stunden.

Es ist ihr Höflichseyn mit Ungestüm verbunden.

Da heißts: Wie geht es Euch in eurer Einsamkeit?

Ich denke: Ziemlich wohl, wenn ihr nicht bey
mir seyd!

297.

297.

Freundschaft für jeden Menschen bezeichnet
die Söhne der Grosmuth,
Und ihr schönstes Gefühl ist der Mensch, für
den Menschen geschaffen;
Etwas süsses, das sich zu den Thränen des Mit-
leids gesellet,
Das es mit Anmuth durchwürzt, hat für sie die
holdesten Reize.

298.

Ist alles, was der Bau der Erden in sich
hält,
Nicht nützlich, nicht vereint mit unsrer ganzen
Welt?

299.

Ich such' und hoffe nicht des Zufalls eitle
Gaben,
Und für mein Glück soll nur den Dank der Him-
mel haben.

G 2

300.

300.

Du wünscheſt dir mit Angſt ein Glück,
Und klagſt, daß dir noch keins erſchienen.
Klag' nicht, es kömmt ein günſtger Augenblick;
Allein bitt' um Verſtand, dich ſeiner zu bedie-
        nen;
Denn dieſes iſt das größte Glück.

301.

Ein Vergnügen, bey dem ich den Tod nicht
ohne Schrecken anſehen kan, iſt bey der Vernunft kein Vergnügen.

302.

Kein Menſch, mit allem Schwulſt ſeines Ge-
pränges und ſeines Stolzes, kan mir durch ſein
Anſehen und Gutheiſſen einen Werth geben, weil
er ſelbſt keinen Werth hat, als in ſofern er recht-
ſchaffen iſt, und ſich mit mir nach eben denſelben
Regeln des Rechts und der Ordnung richtet.

303.

Fehlt innre Ruhe nicht, was fehlet meinem
        Leben,

Als

Als was entbehrlich ist und unentbehrlich scheint?
Sollt' ich bey jedem Unfall beben?
Und weinen, wann die Thorheit weint?

304.

Alles muß verlassen werden!
Nackend gehn wir von der Erden
In die öde Dunkelheit.
Was wir guts verrichtet hatten,
Folgt uns in die Ewigkeit,
Wenn das blasse Reich der Schatten
Allen fremden Glanz zerstreut.

305.

Die Rosen um des Lasters Haupt,
Verblühen, ehe wirs geglaubt,
Und ihr Genuß entehrt.
Ich bin ein Pilgrim in der Zeit,
Nur Freuden einer Ewigkeit
Sind meiner Sorgen werth.

306.

Gieb mir, o du, der willig giebt,
Ein Herz, das nur das Gute liebt,

G 2   Und

Und rein und heilig ist!
Mach' andre groß, o Gott! Ich sey
Vergnügt und meiner Pflicht getreu,
Ein Weiser und ein Christ!

307.

Dem trägen Sinnlichen graut vor der letzten
Reise:
Der Thor stirbt, weil er muß; mit Freuden
stirbt der Weise.

308.

Du fragst, was mein Gemüth im Schmerz
zufrieden stellt?
Ich weiß, es ist ein Gott! Ein Gott regiert
die Welt.

309.

Nichts Niedriges vermag den edlen Geist zu
binden,
Der da Vergnügen sucht, wo es die Engel finden!

310.

310.

Nichts ist von ungefähr: kein Umstand war
vergebens,
Und jeder wirkte mit zum Schicksal meines Lebens.
Ich sollte, was ich bin, nicht etwas anders seyn;
Und mein besonders Glück stimmt mit dem Gan-
zen ein.

311.

Weil mich der Böse plagt, sollt ich den
Schöpfer fluchen?
Es ist der Bösen Art, daß sie zu schaden su-
chen.
Ein Weiser zürnet nicht, daß eine Nessel brennt:
Es ist der Nessel Art; ihr weichet, wer sie
kennt.

312.

Mein Unmuth, wenn ich gleich die wunden Hände ringe,
Verändert nimmermehr die Ordnung aller Dinge.
Genug! sie kömmt von Gott, und Gott ist weis
und gut,

G 4   Als

Als Schöpfer und Regent, und recht ist , was
er thut.

313.

In Augen, die nur drohn und stets vor Eifer brennen ,

Kan ich den milden Glanz der Tugend nicht erkennen.

314.

Freund ! mürrischer Verdruß soll über mich
nicht siegen ,

Noch jezt entsagt mein Herz der weisen Freude
nicht ,

Den edlen Seelen quillt Vergnügen

Selbst aus Erfüllung ihrer Pflicht.

Freund einem Armen Recht zu sprechen

Und, wenn die Unschuld weint, an Frev-
lern sie zu rächen,

Ist göttlicher, als ein Gedicht!

315.

Räumt erst dem Esel Würden ein ,

Und lasset ihm den Sack zum Ehrenzeichen tragen,
So

So will ein jeder Esel seyn,

Man wird sich um die Säcke schlagen!

316.

O möchten Gros und Klein die gute Lehre

fassen!

Wer sich begnügen läßt, lebt frölich, stirbt ge-

lassen.

317.

Der Trieb, den Gott in jedem schuf,

Ist sein natürlicher Beruf.

318.

Ihr frommen Seelen traut des Heuchlers

Thränen nicht;

Denn was er mit dem Munde spricht,

Das leugnet er in seinem Herzen,

Sein Auge weint, und die Gedanken scherzen.

319.

Seht her! — Hier steht mein Lieblings-

Satz:

Ein treuerfundner Freund, das ist der

größte Schatz!

320.

320.

Nichts ist so häßlich zu ergründen,
Es wird ein paar Verehrer finden.

321.

In diesem Buche scheints an Guten nicht zu
fehlen;
Doch zur Veränderung, Freund! will ich dir
was erzehlen:
Ein Mann hatt' einen Baum, der goldne Früch-
te trug.
Sein Nachbar hieb aus Neid bey Nachte
Viel Aeste von dem Baum; allein er war nicht
klug,
Weil dieser Baum aufs Jahr, dreyfache Früchte
brachte.
So nüzlich ist uns oft ein Feind:
Er nüzt, wenn er zu schaden meynt!

322.

Vergnügte Tage findet man,
Woferne man sie finden kan,

Nicht

Nicht auf dem Thron, und nicht in Hütten,
Kanst du vom Himmel es erbitten;
So sey dein eigner Herr und Knecht,
Dies bleibt des Mittelstandes Recht.

323.

Ein Narr trift allemal noch einen grössern an,
Der ihn nicht gnug bewundern kan!
Ein Weiser trift nicht leicht noch einen Weisen
an,
Dem er sein Herze schenken kan!

324.

Der äusserliche Glanz und Schein
Giebt keinen Vorzug nicht allein;
Man sieht oft, unter schlechten Decken,
Die grösste, schönste Seele stecken!
Drum liebster Freund! Denk oft daran:
Aufs Aeußerliche kömmts nicht an.

325.

Freund! Geld und Gut wird bös und gut;
Bös, wenn man nichts aus Geiz, verthut;
Gut aber, wenn mans löblich nützet.

Doch

Doch dieser ist der reichste Mann,
Der wenig an sich selbst besitzet,
Und dennoch viel entbehren kan.

326.

Wer der Tugend hold,
Und dem Laster feind
Ist; bleibt über Gold,
Und mein bester Freund.

327.

Glücklich ist der, dessen unbeflecktes Gemüth
keine begangene Bosheit nagt; der seinen Seegen
zufrieden genießt, und, wo er kan, gutes thut.
Ihn weckt zur Freude der helle Morgen; der
ganze Tag ist ihm voll Wonne, und sanft um-
fängt die Nacht ihn mit süssem Schlummer. Ihn
entzückt jede Schönheit des wechselnden Jahres,
jeder Seegen der Natur.

328.

Gering und müh'los ists, wenn wir Gutes
thun, und doch vergnügt es uns, wenns uns zu
Sinne kömmt, wie sanfter Sonnenschein! O wie

muß

muß der glücklich seyn, der viel Gutes gethan hat! Froh und ruhig geht er ins Grab, denn Tugend und Frömmigkeit folgen ihm!

329.

Göttliche Tugend, du bist unser Glück, o wen soll ich beneiden, wenn ich durch dich beglückt die Laufbahn meines Lebens vollende? Dann sterb' ich froh, von Edeln beweint, die mich um deinetwillen liebten; — von euch beweint, ihr Freunde! — Ihr gehet dann für meinem Grabe vorbey, — drückt euch die Hand, — umarmt euch — und sprecht: — Hier liegt sein Staub — Gott lohnt seine Tugend — bald, ja bald! wollen wir mit ihm vereinigt das ewige Glück der Tugend genießen! —

333.

Mein Freund! wenn du dereinst im Glück
und Seegen blühst,
Und in dies Buch zurück, nach deinen Freunden
siehst;

So

So denk auch, wenn du dies wirst lesen:
Dies ist ein redlicher und treuer Freund gewesen.

334.

Des Lebens Tag ist schwer und schwül;
Des Todes Odem leicht und kühl:
Er wehet freundlich uns hinab,
Wie welkes Laub ins stille Grab.

335.

Es scheint der Mond, es fällt der Thau,
Aufs Grab, wie auf die Blumenau;
Auch fällt der Freunde Thrän' hinein,
Erhellt von sanfter Hofnung Schein.

336.

Uns sammlet alle Klein und Groß,
Die Muttererd' in ihren Schooß.
O sähn wir ihr ins Angesicht;
Wir scheuten ihren Busen nicht.

337.

Trau keinem Freunde sonder Mängel,
Und lieb' ein Mädchen, keinen Engel.

338.

338.

Sorgt für die Zukunft! forgt bey Zeiten!
Seufzt augendrehend Herr Filint,
Und läßt sich seinen Sarg bereiten:
Weil jezt — die Bretter wohlfeil sind.

339.

Tonnen Goldes hab' ich nicht zu geben,
Aber treue Freundschaft desto mehr!
Seyn dann immer meine Kästen leer,
Bleibt die Freundschaft nur in meinem Leben,
O so dünkt mir keine Last zu schwer.

340.

Goldbesitzer treiben grosse Sachen;
Kutschen, Jagen, Opera und Schmaus
Füllt die Zeit der reichen Thorheit aus.
Aber kleine Freuden, Scherz und Lachen
Halten lieber mit der Freundschaft Haus.

341.

O, die Freundschaft ist so ganz die Seele,
Wenn man sie, wie du, im Auge trägt,
Brod und Fisch aufs reine Tischtuch legt,

Und

Und damit es nicht am Nachtisch fehle,
Uns ein Mährchen aus der Vorzeit pflegt.

342.

Kennst du Yorik? Nimm auch meine Dose,
Nimm mein Herz; voll Schwäche mag es seyn,
Doch nicht bös! und denke dann noch mein,
Wenn auf meines Grabes kurzem Moose
Fromme Heimchen mir ein Schlaflied weihn!

343.

Ein Kirchhof ist
Mein frommer Christ,
Dies Büchelein,
Wo bald kan seyn
Dein Leichenstein
Ein Kreuzelein! (*)

344.

Hier will ich liegen! Denn hier bekom' ich doch,
Wenn kein Leichenstein, ein Kreuzchen noch.

345.

(*) Man pflegt in den Stammbüchern gemeis
niglich Kreuzchen bey solchen Stellen zu
machen, wo die Freunde verstorben sind.

345.

Die Freundschaft träufelt Balsam auf die
Wunden,

Die uns die Bosheit schlägt, und süssen Sekt
In unsern Geist, wenn der Genuß der Stunden
Von unserm Leben uns zu bitter schmeckt.
Von meines Freundes treuen Arm umwunden
Troz' ich dem falschen Schicksal, das mich neckt.
Mein Herz, wilst du ihn je dein Glück versagen,
Hör' auf, sobald nicht mehr für dich, zu schlagen.

346.

O Brudernahme, der in sanften Wellen
Mein ganzes Herz und Blut sich regen heißt!
O Pilgrimschaft, die, reich an heilgen Stellen,
An jeglicher uns ofne Arme weist!
Du, wie ein mattes Reh nach frischen Quellen,
Nach Freundschaft lechzender, rastloser Geist,
Was wilst du mehr? Die Quellen sind gegraben;
Sie stehn dir offen. Säumst du, dich zu laben?

347.

Eins nur, Freund! Die Seelengröße
Giebt dem Menschen Werth und Ruh!

H   Keine

Keine Schönheit deckt die Blöße,
Mißgeschaffner Seelen zu!
Leichtsinn ist die erste Quelle
Jedes Unglücks, das uns droht;
Unschuld bietet auf der Stelle
Engels Arm' in aller Noth.

348.

Ja! der erste Schritt ist Alles:
O! ist dieser fehl gethan,
Dann so nimmt des nahen Falles
Sich dein Schutzgeist nicht mehr an!
Drum beleuchte deine Wege
Dir mit Vorsicht und Verstand!
Sieh! der Tugend sanft Gepräge
Wird mit einem Blick erkannt!

349.

Tugend leite dich auf Erden,
Durch der Schmeichler feile Brut,
Durch des Dornenpfads Beschwerden,
Durch der Freuden Ebb' und Flut!
Wäge dir auf ihrem Wege

Jede

Jede That im Stillen ab;
Lebe dem des Lebens Tage,
Der Gefühl fürs Edle gab!

350.

Freundschaft, Sanftmuth, Hang zur Tugend,
Macht mit Engeln dich verwandt,
Schützt die Rosen deiner Jugend
Vor der Zeiten Unbestand!
Solchem Reize widerstehet
Niemand, der fürs Edle glüht!
Reiz, durch Tugenden erhöhet,
Ist zum Himmel aufgeblüht!

351.

O Bewußtseyn eigner Würde,
Welch ein göttliches Gefühl!
Unsers Lebens schwerste Bürde
Macht es leicht, wie Puppenspiel;
Und gesellt uns zu den Schatten
Unsrer Lieben, ohne Schmerz! —
Denn von Allem, was wir hatten,
Folgt uns nur ein fühlend Herz.

352.

352.

Lebt! das Leben ist ein Bach!

Wer genießen kan, genieße!

Lebt! das Leben ist ein Tag;

Daß er nicht sich fruchtlos schließe!

Ferne ziehen Wölkchen her;

Lebt! bald ists nicht heiter mehr. ———

353.

Wenn einst näher diesem Blick

Sich der Zukunft Ufer zeiget,

Und ein lächelndes Geschick

Mir den goldnen Zepter neiget,

Freund! dann will ich freuen mich

Deines Bildes inniglich! ———

354.

Man würze, wie man will, mit Wider-

spruch die Rede:

Wird Würze nur nicht Kost, und Widerspruch

nicht Fehde.

355.

Immer lauter, still und helle,

Wie die reinste Wasserquelle,

Fließt

Fliesse, Freund, bis in dein Grab
Ungetrübt dein Leben ab!
Durch der Unschuld Klippen zeige
Weisheit dir die sichern Steige,
Und die Tugend sey dein Stab.

356.

Sey immer mir gegrüßt, o Seele,
Gegrüßt in deiner Dunkelheit!
Gieb mir bey jedem meiner Fehle,
Die Warnung noch zu rechter Zeit!
Ich will mich deiner stets erfreuen;
Was du auch seyst, du bist von Gott!
Durch dich erhalt' ich mein Gedeyhen,
Durch dich besieg' ich einst den Tod.

357.

Freund! Fürchte Gott und heuchle nicht:
Voll Friede sey dein Angesicht;
Und himmelrein dein Wille;
Zur Arbeit stark sey deine Hand;
Dich zier' ein männlicher Verstand,
Bescheidenheit und Stille!

358.

Nein! was nicht gut ist, ist nicht schön!
Lacht laut, so viel ihr lachen wollet,
Ich singe mehr als Lieb und Wein!
Verdammt mit lauter Stimme sollet
Ihr mir, ihr Wollustlieder seyn!
Und wenn die ganze Welt euch singet,
Und wenn ich eurer Verse Fluß
Und Bilder selbst bewundern muß.
Vernunft, du sollst das Urtheil sprechen!
Du Tugend, ihr zur Seite stehn.
Mein Herze läßt sich nicht bestechen;
Nein! was nicht gut ist, ist nicht schön!

359.

Wird mir nur der Himmel geben,
Was mein heisser Wunsch begehrt,
Und wird meinem kurzen Leben
Diese Bitte noch gewährt:
Daß ich auch bey vielem Leiden
Meinem Nächsten nützlich bin,

O so werf ich voller Freuden
Allen Gram und Kummer hin.

360.

Freude, Mäßigkeit und Ruh,
Schleußt die Thür' der Krankheit zu.

361.

Ihr die ihr unterm Amtes-Joch
Schwer seufzet, Freunde, sagt mir doch;
Kan ich nicht glücklich leben?
Mein Herz genießet zwar die Welt,
Doch nicht mit Prunk und Amt und Geld.
Ich mag nicht, wie ihr, leben!

362.

Ich lebe stets vergnügt und frey,
Ohn' Gram und ohne Heucheley,
Und bin voll frohen Muthes.
Die Arbeit macht mir keine Noth,
Ich esse recht vergnügt mein Brod,
Und öfters auch was Gutes.

363.

Laßt dem Alten seine Weise,
Daß er das Vergangne preise,

H 4

Wenn

Wenn er auf uns schmält.
Ich muß mein Vergangnes loben,
Doch sey auch die Lust erhoben,
Die mich heut beseelt.

364.

Meine Träume sind Vergnügen,
Nicht vom Glück im Staub zu liegen
Unterm Purpursaum,
Nicht von Wechseln, nicht von Dieben,
Nur die Lust nicht aufzuschieben,
Freund, dies ist mein Traum.

365.

Eine ganze Welt voll Lust,
Schuf der Himmel nicht vergebens;
Gönnt doch eurer frohen Brust
Das Vergnügen dieses Lebens;
Schmeckt des holden Himmels Güte,
Mit erheitertem Gemüthe!
Denn der wahren Tugend Pflicht
Ist kein mürrisches Gesicht.

366.

366.

Ein Kind, weiß nichts von sich;
Ein Knabe, denket nicht;
Ein Jüngling, wünschet stets;
Ein Mann, hat immer Pflicht;
Ein Alter, hat Verdruß;
Ein Greis, wird wieder Kind:
Schau, lieber Freund, was dies
Für Herrlichkeiten sind!

367.

Das Schicksal hat in seinem Leben,
Den Großen viel voraus gegeben;
Doch nein! Nichts geht uns ab.
Das Schicksal scheint der Großen Heuchler,
Weils ihnen nur die Pest der Schmeichler
Uns aber Freunde gab.

368.

Freund, gewiß, aus deinen Blicken
Leuchtt des Herzens Majestät,
Freudig Menschen zu beglücken

Hat dein Herz den Geist erhöht,
Der Geschmack und Künste wählt,
Und das Schöne nicht verfehlt.

369.

Du, Freund! weißt die Zeit zu nützen,
Welche andre heftig drückt,
Wissenschaften zu besitzen
Ists, was deine Brust entzückt.
Ein gelehrter Freund, ein Buch
Ist dein einziges Gesuch.

370.

Tugend ist kein leerer Name,
Kein geträumtes Hirngespinnst!
In der Tugend liegt der Saame
Zu dem herrlichsten Gewinnst,
Zu der Seelenruh hienieden,
Zu den Freuden jener Welt,
Zu dem ungestörtem Frieden
Der im Sturm das Steuer hält!

371.

Regt sich die Freundschaft in der Brust,
Und fühlst du sie im Herzen schlagen?

So weihe in den Frühlingstagen
Dich frommer Treue — erndte Lust!

372.

Erwirb dir Tugend und Verstand
Nicht, um sie, von der Welt genannt
Mit eitelm Stolze zu besitzen.
Erwirb dir sie mit edler Müh,
Und halte dies vor Ruhm, durch sie
Der Welt und dir zu nützen.
Erfüllst du, was die Weisheit spricht,
Und gleicht dein Eifer deiner Pflicht;
So wird der Ruhm ihm folgen müssen.
Und wenn dein Werth ihm nicht erhält;
So giebt dir ihn, Troz aller Welt,
Doch ewig dein Gewissen.

373.

Du Mutter edler Triebe,
O Freundschaft! dir zur Ehre,
Dir Freundschaft, nicht der Liebe,
Erschallen unsre Chöre,
Und Philis stimmt mit ein.

Ded

Doch sollte das Entzücken,
Von Phylis Ton und Blicken,
Nichts mehr als Freundschaft seyn?

374.

Freund! dies soll mein Wahlspruch bleiben:
Redlich, fleißig und vergnügt.
Laß den Sarg damit beschreiben,
Wo bereinst mein Leichnam liegt!
Hiervon will ich niemals wanken,
Ob das Glück mich ewig haßt. ——
Weicht jezt, traurige Gedanken!
Hier, beym Freund, seyd ihr zur Last.

375.

Nach der schön versteckten Plage
Aller weit entfernten Tage,
Schau' ich nicht empor.
So ein ungewisses Leiden,
So ein Hinterhalt der Freuden,
Bricht oft nie hervor.

376.

O selig! wem der Vorsicht Güte
Ein stilles Land zur Wohnung schenkt.
Der dort mit ruhigem Gemüte
An das Geräusch der Städte denkt;
In sich die reimste Wollust findet,
Was ihm der Himmel gönnt, genießt,
Sich alles Kummers Last entbindet,
Und so des Lebens Müh' versüßt.

377.

Wer sich um Tugenden bemühet,
Und, frommer Freund! dich einmal siehet,
Kann der in deinem edlen Zug
Der Tugen Ideal verkennen?
Muß er nicht schmelzend für dich brennen,
Und bist du ihm allein nicht g'nug?

378.

Mein Freund! durchwandle frohe Steige
An Wollust reich, gebahnt zum Ruhm.
Biß an des Lebens spätste Neige,
Sey süsse Lust dein Eigenthum!

O Freund! durchlebst du solche Täge,
Als treue Wünsch' mein Herz dir weiht;
Wie glücklich sind dann deine Wege,
Wie heilig ist dir Ewigkeit! —

379.

Wie glücklich ist die rasche Jugend,
Wie selig der gesetzte Mann
Der sich das Bild der sanften Tugend
In deinem Umgang fühlen kan!
Wie neidenswerth sind deine Freunde,
Die sich durch dich dem Guten weyhn,
Und kurz! von dir belehrt zu seyn,
Wie neidenswerth sind selbst die Feinde!

380.

Was sind uns majestät'sche Thronen? —
Was ist ihr Prunk und äußre Lust? —
Sind Freuden die in Hütten wohnen,
Nicht oft Pallästen unbewußt? —
Ich wünsche dir nicht goldne Schätze —
Gott gebe dir Zufriedenheit!

Die

Die sey dir mehr als Gold und Götze,
Dem nur der Wahnsinn Weyhrauch streut.

381.

Freund! fürchte Gott mit frommen Herzen,
Bleib deinem Weib — der Freundschaft treu.
Steh der Gefahr — den bangen Schmerzen
Des armen Dulders thätig bey!
Dann wird, so wie das Spiel der Jugend —
Die Wollust deiner Seele, rein —
Und du so heiter, wie die Tugend,
So selig wie der Himmel seyn.

382.

Als die Grazien um deine Wiege standen,
Blumenketten um dein Bette wanden,
Und mit Rosenblättern dich bestreut;
Lohnt ein Lächeln ihrer Zärtlichkeit!
Darf ich auch dein gütig Lächeln hoffen,
Wenn die Freundschaft dir ein Blümchen streut?
Sieh, dies Herz, der edlen Freundschaft offen,
Sey — du lächelst — sey dir ganz geweyht.

383.

383.

Des Glückes buntes Kartenspiel
Theilt alle Stände aus,
Giebt diesen wenig, andern viel,
Zerbricht und baut ein Haus.
Der Weise sieht ihm ruhig zu,
Bleibt ihm nur stets ein Freund,
Der ihm sein Herz aufschließt, wie Du,
Ders immer redlich meynt.

384.

Dank dir, Edler! für den Wunsch der Liebe,
Den du mir, ich weiß es, mit dem besten Triebe
Deines guten Herzens hast geweiht;
O entküsse meinem heissen Munde
Diesen Wunsch für dich, empfind' in jeder Stunde
Neue Freuden, neue Seligkeit.

Lightning Source UK Ltd.
Milton Keynes UK
UKOW06n2307290316

271138UK00012B/213/P